A. TOLBECQUE

NOTICE HISTORIQUE

SUR LES

INSTRUMENTS

A CORDES ET A ARCHET

Ornée de nombreuses figures

Romanusque lyra plaudat tibi, barbarus harpa,
Græcus achilliaca, chrotta britanna canat.
SAINT-FORTUNAT.

A PARIS
CHEZ GUSTAVE BERNARDEL, LUTHIER
4, Passage Saulnier, 4
ET CHEZ L'AUTEUR, A NIORT
1898

NOTICE HISTORIQUE

SUR LES

INSTRUMENTS A CORDES ET A ARCHET

IMPRIMERIE TH. MERCIER
NIORT

Auguste Tolbecque

A. TOLBECQUE

NOTICE HISTORIQUE
SUR LES
INSTRUMENTS
A CORDES ET A ARCHET

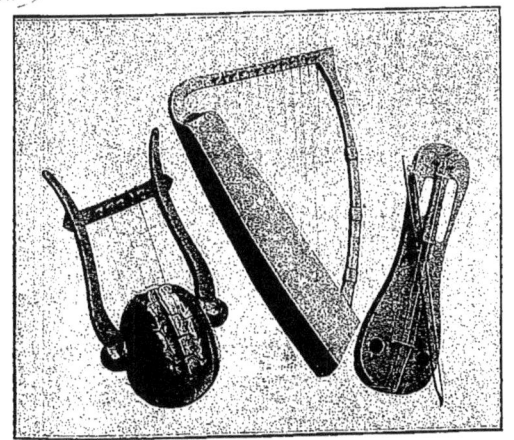

Romanusque lyra plaudat tibi, barbarus harpa,
Græcus achilliaca, chrotta britanna canat.
SAINT-FORTUNAT.

A PARIS
CHEZ GUSTAVE BERNARDEL, LUTHIER
4, *Passage Saulnier*, 4
ET CHEZ L'AUTEUR, A NIORT
1898

A M. G. Lyon

Directeur technique de la Maison
Pleyel, Wolff et Cie

NOTICE HISTORIQUE

sur

LES INSTRUMENTS A CORDES ET A ARCHET

ORIGINES DU QUATUOR ACTUEL

Les plus anciens instruments de musique à cordes remontent à une époque extrêmement reculée que les historiens ont renoncé à déterminer, parce qu'elle se confond sans doute avec les premiers âges de l'humanité. Le type de ces instruments est la *lyre* des temps héroïques de la Grèce dont on faisait vibrer les cordes en les pinçant avec les doigts ou en les touchant avec le plectrum, sorte de baguette en ivoire ou en bois à l'extrémité légèrement crochue; et la plus ancienne lyre semble avoir été la lyre pastorale dont le corps sonore se composait d'une carapace de tortue surmontée de deux bras réunis vers le sommet par un joug auquel étaient fixées les cordes (Fig. 1). C'était la *chélys* des Grecs et la *testudo* des Latins, aux formes gracieuses, dont on a fait depuis le symbole même de la musique. Je ne m'arrêterai pas aux autres formes de la lyre antique dont l'art ancien nous a laissé des représentations très variées et très intéressantes, afin d'aborder de suite le sujet de cette étude.

Fig. 1. — Lyre des temps héroïques de la Grèce.
Hauteur : 0 m 70.

Je viens de dire qu'il est impossible d'indiquer l'origine exacte du premier instrument à cordes; on éprouve le même embarras pour fixer l'époque où l'on songea à substituer au procédé qui consistait à faire résonner les cordes en les pinçant ou les frappant, celui qui devait produire des sons tenus en les frottant.

Quelques érudits, Fétis en tête, ont cru reconnaître dans l'antique *ravanastron* de l'Inde, le premier instrument de musique à cordes et à archet (Fig. 2). Cependant certains auteurs sérieux revendiquent pour l'Europe occidentale l'invention de l'archet. Ainsi les *Cambro-Bretons* l'appliquèrent au crouth, cet ancêtre des rebecs, rebelles, violes et du violon. Les deux vers suivants de Saint-Fortunat, évêque de Poitiers, en attestent l'usage au VIᵉ siècle :

> Romanusque lyra plaudat tibi, barbarus harpa,
> Græcus achilliaca, chrotta britanna canat.

(Le Romain t'applaudit sur la lyre, le Grec te chante avec la cithare, le barbare avec la harpe et le crouth breton.)

On voit par cette citation que, pendant l'époque du Bas-Empire, les instruments à cordes frottées par un archet étaient déjà en usage concurremment avec les lyres, cythares, harpes, etc.....

Le cadre que je me suis tracé ne me permettant pas d'entrer plus avant dans cette question des origines des instruments à archet, j'engage les curieux, qui voudraient se documenter, à consulter les ouvrages spéciaux et plus particulièrement les suivants :

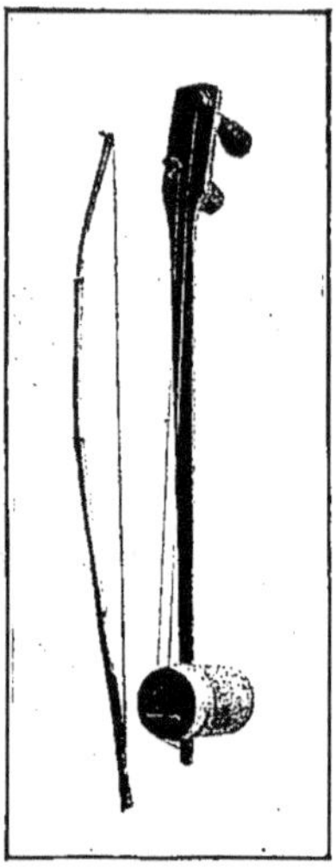

Fig. 2.—RAVANASTRON DE L'INDE
(500 ans avant l'ère chrétienne)
Hauteur : 0ᵐ 55.

La préface de l'*Art de la Viole* (Jean ROUSSEAU, M DC LXXXVII);

Dissertation sur les instruments de musique du Moyen-Age (BOTTÉE DE TOULMON, 1844);

Stradivari, précédé de *Recherches historiques et critiques sur l'origine et les transformations des instruments à archet* (FÉTIS, 1856);

Les Luthiers et la Lutherie, et surtout la préface de l'ouvrage *les Instruments à archet* (Antoine VIDAL, 1876).

*
* *

Je passerai assez brièvement sur la période du Moyen-Age pour arriver à la Renaissance où la lutherie en Italie était parvenue à son apogée et où déjà les familles instrumentales complètes suivaient le même ordre dans leur classification que les voix dans le quatuor chantant. Il est cependant intéressant de jeter un coup d'œil rapide sur les principaux instruments de cette époque.

Le *crouth* à trois cordes, ou *crouth trithant*, apparaît le premier (Fig. 3). Bottée de Toulmon en donne un dessin d'après un manuscrit de l'abbaye Saint-Martial de Limoges (XIe siècle). Cet instrument mesure environ 0^{m}80 de hauteur sur 0^{m}20 dans sa plus grande largeur. Les extrémités sont arrondies ; dans le haut se trouvent deux ouvertures longitudinales pour laisser le passage des doigts de la main gauche, qui soutient l'instrument, et leur permettre d'atteindre les cordes. Un *chevalet plat* indique que celles-ci devaient être attaquées ensemble pour produire des effets d'accords.

D'après Fétis, une reproduction de cet instrument se trouve parmi les ornements extérieurs de l'abbaye de Melross, en Écosse, bâtie au XIVe siècle, ce qui prouve qu'il était encore en usage à cette époque.

Fig. 3. — CROUTH TRITHANT.
Hauteur : 0^{m}80.

Le son de cet instrument, dont j'ai exécuté toute une série de reconstitutions, a une grande analogie avec celui de la vielle à roue ; mais la position de la main gauche, enfoncée dans les entailles dont je viens de parler, ne laisse, par suite de l'impossibilité du démancher, que peu d'étendue à la mélodie qui s'exécute sur la chanterelle.

Le *crouth gallois à six cordes* (Fig. 4) a emprunté sa forme à la lyre antique à cordes pincées. Bottée de Toulmon en donne la description. Cet instrument, dont je donne ci-contre l'accord, a évidemment succédé au crouth trithant ; cependant il est assez difficile de fixer l'époque de son apparition. Son dispositif le recommande aux amateurs de lutherie archaïque ; c'est une

4 NOTICE HISTORIQUE.

véritable vielle à archet ayant comme celle-ci ses deux chanterelles et ses deux bourdons.

Les dimensions du crouth à six cordes, d'après Daine Barrington, étaient les suivantes : longueur du sommet à la base, 0m 57 ; — la plus grande largeur, près du cordier, 0m 27 ; — la plus petite largeur, au sommet, 0m 23 ; — épaisseur du coffre, 0m 05 ; — longueur de touche, 0m 28.

Le chevalet, qui est plat, est la pièce la plus curieuse : un de ses pieds porte sur la table, du côté des chanterelles, et l'autre s'introduit par l'ouïe, du côté des bourdons, pour reposer sur le fond et remplir les doubles fonctions de chevalet et d'âme. Les cordes placées en dehors du manche sont, comme dans la vielle à roue, deux bourdons à l'octave et, contrairement à l'opinion de Fétis, ne peuvent être pincées par le pouce de la main gauche. En effet,

Fig. 4. — CROUTH GALLOIS à 6 cordes.
Hauteur : 0 m 57.

le chevalet étant plat et toutes les cordes se trouvant vibrer ensemble sous l'archet, le pizzicato est impossible. La largeur du manche confirme encore cette opinion, puisque la main se trouve toujours occupée au chant.

Les reconstitutions que j'ai faites de cet instrument m'ont suggéré les observations qui précèdent dont je crois pouvoir affirmer l'exactitude.

Voici, à titre de curiosité, un fragment d'un très vieil air breton qui se jouait sur le crouth et sur la cornemuse :

L'accord du crouth à six cordes, qui paraît bizarre à première vue, a cependant sa raison d'être, et la voici : le premier doigt appuyé à la première position sur les deux chanterelles donne *mi*, ce qui constitue, avec toutes les autres cordes à vide, l'accord d'*ut* complet et permet d'avoir la pénultième inférieure de cette gamme pour la constitution de la mélodie.

La plus ancienne représentation d'un instrument à archet à mettre à l'épaule a été extraite par l'abbé Gerbert d'un manuscrit du IXᵉ siècle. La forme de cet instrument, qui est à une seule corde supportée par un chevalet, est à peu près celle de nos mandolines modernes. La table est percée de deux ouïes demi-circulaires qui se regardent ; le manche est le prolongement du corps, qui affecte la forme d'une poire, et la touche est en saillie sur la table, de façon à permettre un certain angle à la corde et à rendre malgré cela son appui possible sur la surface de la touche. Cette forme a été adoptée pour une série d'instruments qui constitue la famille des *rebecs* (1) et des *gigues* (Fig. 5 et 6). Ces dernières étaient appelées par

Fig. 5. — REBEC.
Hauteur : 0ᵐ55.

Fig. 6. — GIGUE.
Hauteur : 0ᵐ56.

(1) De rebab, violon populaire des arabes.

les allemands *geigen ohne bünde*, gigues sans ceinture ou éclisses. Il y en avait de plusieurs tailles : dessus, alto, ténor et basse.

Le son du rebec est sec et dur ; il servait aux ménétriers. La reproduction de cet instrument est très fréquente sur les monuments, du XIe au XVe siècle.

Il convient de ranger dans cette famille la *rubelle*, montée de deux cordes. Jérôme de Moravie nous apprend que son accord était celui-ci :

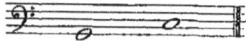

La gravité de ces notes fait supposer une certaine longueur de cordes, puisqu'on ignorait encore la manière de les rendre plus lourdes par le filage métallique.

La seule représentation que je connaisse d'une rubelle se trouve dans les voussures de droite du portail de la cathédrale de Paris. L'instrument est tenu par un petit personnage qui doit symboliser la musique.

Au XIIe siècle, l'iconographie monumentale nous vient en aide par la reproduction d'un grand nombre d'instruments de musique.

Le portail de Notre-Dame de la Coudre, à Parthenay, nous montre six personnages tenant d'une main un rebec et de l'autre une fiole à parfums (Fig. 7). A côté, dans un des chapiteaux de gauche, un petit musicien, assis, tient cet instrument à l'épaule et en joue en maniant son archet comme on le fait de nos jours. Le portail de l'abbaye de Moissac, qui est de la même époque, est un document bien précieux pour la reconstitution de ces instruments disparus. On y voit les vingt-quatre vieillards de l'Apoca-

Fig. 7. — Fragment du voussoir du portail de Notre-Dame de la Coudre (Parthenay).

lypse tenant chacun un rebec dont les détails sont très précis et très intéressants. Ces instruments affectent la forme d'un losange et sont à éclisses ; les uns à une corde, d'autres à deux, à trois, à quatre et à cinq cordes. La tête en est plate, peu renversée et à contour sphérique. Les ouïes, percées dans la table d'harmonie, sont aussi très curieuses. Quelques unes, comme celles du crouth, ont la forme de simples trous ronds ; d'autres sont en forme de *sangsues* ou de C plus ou moins ornés dont la courbure est tournée tantôt vers l'intérieur, tantôt vers l'extérieur. Le rebec à une corde devait, vraisemblablement, jouer la mélodie ; celui à deux cordes jouait en diaphonie, c'est-à-dire en quinte, et celui à trois cordes (accordé aussi en quinte : sol, ré, la) avait le bourdon *sol* comme accompagnement. La forme du corps sonore, ayant sa partie centrale plus large que les extrémités, ce qui rend impossible l'inflexion de l'archet, indique que le chevalet devait être plat et que les cordes vibraient ensemble, formant accord à la façon des cornemuses (1). La précision avec laquelle est indiquée la structure de ces instruments, prouve le souci du sculpteur de montrer leur véritable usage. Cependant, dans la reconstitution que j'en ai faite, j'ai dû ramener à sa véritable proportion la longueur du diapason, qui devait avoir de 31 à 33 centimètres, afin de permettre à une main de dimension moyenne de faire les demi-tons.

Fig. 8. — VIUELLE.
Hauteur : 0^m 57.

La cathédrale de Chartres offre à nos yeux, dans une partie datant du XIIIe au XIVe siècle, la statue d'un musicien tenant une *viuelle* à la main (Fig. 8). Celle-ci, d'un modèle analogue aux violes en usage en Italie au XIIIe siècle, présente une forme légèrement rétrécie vers le centre, ce qui indique que l'archet pouvait attaquer les trois cordes l'une après l'autre en décrivant un arc de cercle. Quatre ouïes, percées dans les flancs haut et bas de la table, semblent indiquer l'intention du luthier de ne pas en affaiblir le centre

(1) A cette époque, la cornemuse était un instrument très répandu. Le voussoir de la porte principale de l'église d'Avi (Charente-Inférieure), XIe au XIIe siècle, nous montre une série très intéressante de cornemuseurs.

qui supporte la pression du chevalet. Ce dernier n'a pas de pieds détachés, et sa base, renforcée par un empatement mouluré, porte en entier sur la table de façon à présenter le plus de surface possible à son contact.

Le XIIIe et le XIVe siècles sont très riches en représentations d'instruments soit par la sculpture, soit par la peinture et la gravure (Fig. 9). Antoine Vidal, dans son grand ouvrage, nous donne plusieurs spécimens très intéressants de *violes* à archet de ces époques, montées avec des cordes dont le nombre varie depuis trois jusqu'à six et qui ont été souvent décrites dans les poésies du temps. Leurs formes sont également très variées : quelques-unes affectent celle du rebec, d'autres, celle de la guitare.

L'une de ces violes, attribuée à Albinus, et dont Vidal donne une figure, me paraît injouable et le dessin doit en être inexact.

Fétis attribue à cette viole l'accord suivant :

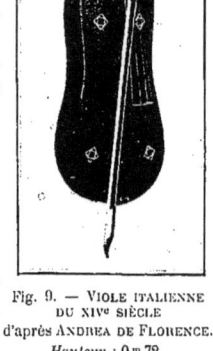

Fig. 9. — Viole italienne du XIVe siècle d'après Andrea de Florence. *Hauteur : 0^m72.*

Si le musicien de la cathédrale de Chartres montre le type des *violes* en France, du XIIIe au XIVe siècle, l'Italie, dans ses peintures de la fin du XIVe siècle, nous instruit d'une façon encore plus complète. C'est ainsi qu'un tableau d'Andrea de Florence représente, dans la grande chapelle des Espagnols, une femme jouant d'une viole qui a une très grande analogie avec celle décrite plus haut : les flancs hauts et bas de la table sont encore munis d'ouïes secondaires, ornées de découpures en ivoire et les ouïes centrales ont déjà la forme de boudins concentriques.

Dans une magnifique peinture du XVe siècle, Lucca Signorelli a figuré la Vierge présentant l'Enfant Jésus à un ange violiste dont l'instrument est dessiné avec une perfection de détails qui m'a permis de le reconstituer très facilement à l'échelle du personnage. Cette fois, les ouïes secondaires des flancs ont disparu ; les contours font pressentir ceux du violon par les coins saillants des flancs du bas qui sont indiqués ;

le chevillier n'est plus rond, mais se termine en pointe, et deux bourdons extérieurs à l'octave agrandissent au grave le registre de l'instrument.

Au point de vue musical, on est autorisé à penser que tous ces instruments avaient pour mission de seconder et de soutenir les voix, et que là s'arrêtait leur rôle. D'ailleurs, leur construction était très fantaisiste et surtout très négligée au point de vue du mécanisme du jeu, ce qui rendait la virtuosité à peu près impossible. Au demeurant, ce que nous savons de la composition des orchestres du Moyen-Age et du jeu des instruments est à peu près nul, et les écrivains modernes qui en ont parlé ont plus souvent écouté leur imagination qu'ils n'ont fait œuvre de science, tellement il est vrai que nous sommes peu documentés sur cette question.

**

Nous arrivons à l'époque si féconde de la Renaissance.

Du XVᵉ au XVIᵉ siècle, la musique prend une importance considérable en Italie. Elle se répand bientôt dans toute l'Europe et la France surtout profite largement de cette poussée artistique que ses alliances politiques favorisent encore. La lutherie se développe parallèlement et devient même décorative.

Au XVIᵉ siècle, Raphaël nous initie au type des violes de son temps par son Orphée au Parnasse (Fig. 10). L'instrument a cinq cordes et deux bourdons, comme celui décrit plus haut et avec lequel il a une grande ressemblance.

Une toile de Fra Bartolomeo, conservée dans la galerie Pitti, représente également un ange musicien dont la viole a une bien grande parenté avec celles dont je viens de parler ; c'était donc bien l'instrument classique de l'époque, avec les bourdons extérieurs comme dans la *lyrone*, représentée par la figure 11.

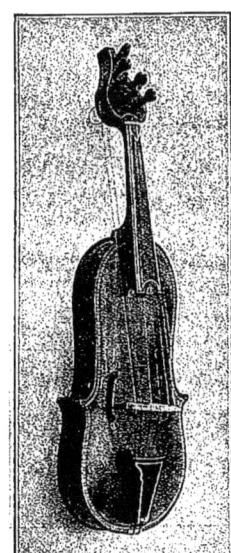

Fig. 10. — VIOLE d'après des tableaux de RAPHAEL et de FRA BARTOLOMEO.
Hauteur : 0ᵐ 70.

Le Dominiquin a peint également une Sainte-Cécile jouant d'une *basse de viole* à six cordes de la plus grande beauté qui a dû être dessinée d'après l'instrument lui-même. Mais un des documents les plus exacts sur l'emploi et la forme des instruments du XVIe siècle nous est fourni par le célèbre tableau de Paul Véronèse représentant les noces de Cana (1562), et au centre duquel se trouve groupé un petit orchestre où le quatuor des violes est parfaitement disposé : basse, ténor, alto et pardessus. Remarquons en passant que le violon n'a pas encore fait son apparition.

En Italie, au XVIe siècle, la forme des violes varie à l'infini (Fig. 12). Les unes sont en forme de guitare à fond plat, sans bords ; les autres sont en forme de fleurs de lys. Les vernis sont déjà superbes, le plus généralement jaune d'or. Souvent la table est ornée d'une rosette découpée à jour ou d'un blason en marqueterie portant les armes du propriétaire de l'instrument.

La peinture et la sculpture viennent encore ajouter à la richesse de cette lutherie décorative. Les ouïes sont découpées de cent manières différentes. Les têtes qui terminent généralement le chevillier ont toujours un caractère artistique extrêmement intéressant, quelquefois même, comme dans une viole signée de Gagliano qui fait partie de ma collection (Fig. 13), ces têtes ne sont plus simplement allégoriques ou décoratives, elles

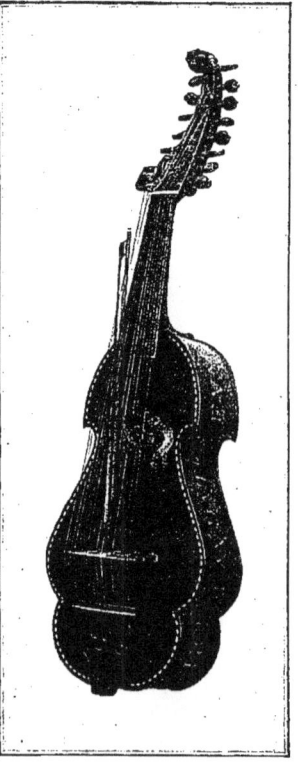

Fig. 11. — LYRONE à 15 cordes.
Hauteur : 1 m 40.

représentent évidemment des personnages connus et probablement le propriétaire de l'instrument. Enfin, nous sommes en présence de véritables objets d'art qui ont aussi une famille parfaitement déterminée :

basse, ténor, alto et dessus. Une des particularités de la forme du ténor vient de ce que l'instrument, qui se jouait sur le genou, avait quelquefois les flancs divisés en deux parties formant une sorte de fourche, de façon à en assurer la position. Il est à remarquer cependant que les manches larges et sans renversement, munis de sillets mobiles, rendaient l'exécution toujours difficile.

Fig. 12. — BASSE DE VIOLE ET DESSUS DE VIOLE ITALIENS DU XVIe SIÈCLE.
Hauteurs : 1 ^m 25 et 0 ^m 78.

L'Allemagne a publié de nombreux ouvrages sur la lutherie de la Renaissance. Agricola, Prætorius, et plus tard Kircher, ont orné leurs écrits de gravures sur bois. Mais celles-ci sont très fantaisistes et représentent avec une évidente inexactitude aussi bien les instruments à vent que ceux à cordes. Ces derniers surtout sont d'une incorrection qui explique bien la peine que Fétis a prise pour en rechercher le fonctionnement.

Albert Dürer, dans ses planches du *Cortège triomphal* de l'Empereur Maximilien, donne deux musiciens jouant du *ribeban*, c'est-à-dire de la grosse *geige* à six cordes (*viola da gamba* italienne ou basse de viole des Français), ce qui prouve qu'à cette époque déjà les instruments graves étaient très employés.

Prætorius nous apprend que vers la même époque on jouait également une viole bâtarde, *viola bastarda*, ainsi dénommée parce qu'elle ne faisait pas partie intégrante du quatuor des violes de ce temps. C'est à cet instrument qu'on ajouta plus tard des cordes sympathiques en laiton.

L'Allemagne, disons-nous, a fait de grands efforts pour que la lutherie ne restât pas en arrière (Fig. 14) et c'est elle qui nous a donné, par les

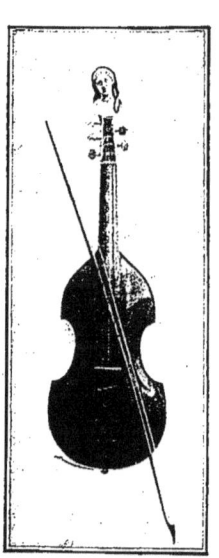
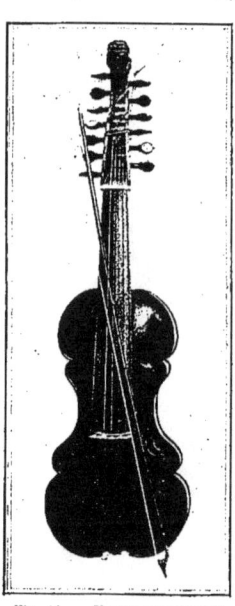

Fig. 13. — Pardessus de viole italien.
Hauteur : 0 m 65.

Fig. 14. — Viole allemande à 7 cordes, dite d'Amour, avec adjonction de 6 cordes sympathiques en laiton.
Hauteur : 0 m 81.

ouvrages d'Agricola (1529) et de Prætorius, la figure et l'accordature des violes *Die grosze Welsche Geigen*, basse, ténor, alto, discant.

Accords des violes d'après Agricola.

dessus   alto

Accords des grandes violes à 5 cordes.

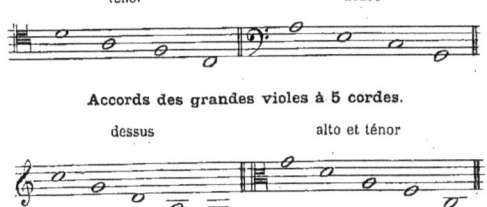

Accords des violes italiennes à 6 cordes.

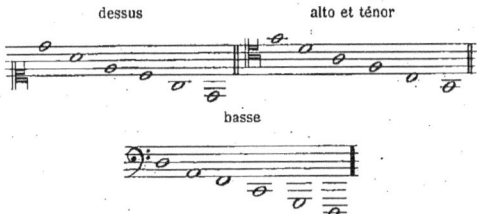

Accords des violes à 6 cordes d'après Prætorius.

On voit, par ce tableau, que les luthiers, aidés sans doute des conseils des joueurs, avaient déjà réduit le nombre des cordes de 7, 6, 5 à 4 pour les trois parties au-dessus de la basse qui resta seule, et longtemps encore, à six cordes. Cependant le nombre des cordes et l'accordature étaient très facultatifs et la grande quantité d'instruments de cette famille que j'ai vus depuis cinquante ans m'a convaincu que rien n'était absolument fixe, ni comme forme, ni comme taille, ni comme diapason. On s'était aperçu cependant de ce fait physique, que la quantité de son d'un instrument à cordes et à archet est toujours en raison inverse du nombre des cordes. On avait remarqué, de plus, que l'accord par quarte et tierce ascendantes est moins sonore que celui par quinte. Enfin, le désir d'avoir plus d'éclat avait dû pousser les artistes du temps à la propagation du violon italien qui, à cette époque, existait déjà en France (1550). car il figure dans les fêtes de Rouen offertes par la ville au roi Henri II et à la reine Catherine de Médicis, lors de leur avènement.

Le violon n'est en somme qu'une variété des violes dont on avait réduit le format ainsi que le nombre des cordes. Martin Agricola, dans sa *Musica instrumentalis* (1528), donne les figures de plusieurs variétés de ces instruments qu'il nomme *Geigen* à 3 et à 4 cordes et dont la famille est complète : basse, ténor, alto et dessus. Mais ce n'est encore là qu'une sorte de violon rudimentaire.

En Angleterre, vers 1571, il y avait déjà sept violons dans la *bande* royale, et en France Henri IV fonda la charge de roi des violons pour Dumanoir.

Les luthiers de Flandre expédiaient leurs produits en France, et l'Italie construisait depuis longtemps le violon et ses congénères : l'alto, le ténor, le violoncello et le violone (contrebasse). Les Gaspard da Salo, les Magini et les Amati nous faisaient parvenir leurs instruments dont un certain nombre existent encore et témoignent de leur talent et de leur génie de luthiers (Fig. 15).

Le violon et ses congénères : l'alto, le ténor et le violoncello, constituaient une famille à part, ayant ses partisans, malgré une opposition manifeste des violistes qui comptaient parmi eux des artistes de grand talent et qui avaient une vaste littérature de pièces à la mode. C'est surtout au XVIIe siècle que le nombre et la qualité de ces virtuoses violistes s'affirment en Allemagne, en Italie et en Angleterre. En France, les Maugars, les Sainte-Colombe, les Marais rivalisent de talent.

Dans sa *Dissertation sur l'origine de la viole*, J. Rousseau dit : « Il est
» vrai que les Anglais ont réduit leurs violes à une grandeur commode
» (Fig. 16) devant les Français, comme il est facile d'en juger par les
» anciennes violes d'Angleterre dont nous faisons une estime particulière
» en France ; mais aussi, il faut avouer que les faiseurs d'instruments
» français ont donné la dernière perfection à la viole lorsqu'ils ont

» trouvé le secret de renverser un peu le manche en arrière et d'en
» diminuer l'épaisseur. »

*
* *

Depuis un demi siècle environ bien des tentatives ont été faites pour initier le public dilettante, raffiné et curieux aux beautés de la musique et des instruments anciens abandonnés ou disparus. Fétis le premier en France (alors qu'il était bibliothécaire au Conservatoire de Paris), en eut l'idée, et organisa, vers 1832, une série de séances de *musique historique*. Après avoir groupé autour de lui les meilleurs artistes chanteurs et instrumentistes du temps, il composa un programme des plus intéressants et tout à fait propre à éveiller la curiosité des amateurs pour les choses musicales du passé. Malheureusement, malgré son ardeur infatigable, sa science indiscutable, sa conviction profonde et communicative, il lui était bien difficile de reconstituer de toutes pièces l'élément instrumental dont il avait tant besoin pour rendre la couleur vraie et le timbre à ces vieilles pages exhumées de toutes les bibliothèques de l'Europe où il avait dû puiser au profit d'une œuvre éminemment instructive et artistique. Comment trouver en effet des artistes jouant du *cromorne*, du *cornet*, du *luth*, de la *basse de viole*, du *dessus de viole*, du *pardessus de viole*, etc., etc. ? Là se trouvait la véritable difficulté, car, il est certain qu'on ne saurait aisément s'assimiler aucun art sans les secours d'un maître et les artistes, qui avaient joué ces instruments disparus, étaient depuis bien des années déjà dans la tombe. En homme adroit, Fétis essaya de tourner la diffi-

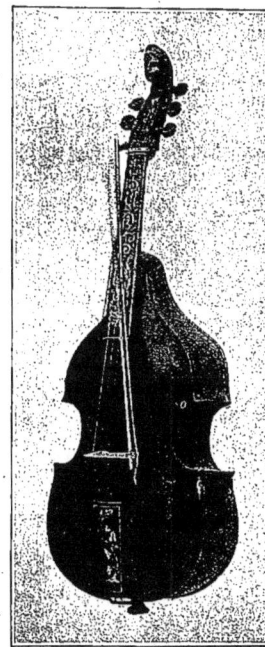

Fig. 15. — Basse de viole à 6 cordes de Magini.
Hauteur : 1 m 09.

culté en montant la basse de viole en *violoncelle*, la viole d'amour en *alto*, le pardessus de viole en *violon*, le luth en *guitare*, etc. (1). On devine quels résultats pouvaient donner de tels arrangements. Du reste, Fétis ne dissimula pas le désappointement que lui causait la médiocrité de ces exécutions : il en parle même dans sa *Biographie des Musiciens* (au mot Fétis). Malgré cela, il se trouva bien des personnes pour s'extasier sur ces prétendues exécutions archaïques, où le plaisir des yeux suppléait évidemment à l'enchantement des oreilles.

Ces intéressantes auditions furent interrompues, vers 1834, par un incident que le but restreint de cet article ne me permet pas de raconter. Mais le travail de compilation auquel Fétis s'était livré pour préparer et mener à bien son entreprise ne fut pas perdu. Il lui permit en effet d'accumuler une énorme quantité de documents historiques, qui lui servirent à constituer le grand ouvrage dont je viens de parler. Cet ouvrage, auquel tous ceux qui écrivent sur l'art musical ont recours, et qui ne laisse pas que d'être cependant incomplet et trop souvent aussi fautif, représente néanmoins une somme de travail considérable.

C'est peu après cette époque que Meyerbeer composa les *Huguenots*, et c'est peut-être aussi sous l'influence du goût qu'avaient inspiré les séances dont je viens de parler, qu'il écrivit un prélude de viole d'amour suivi d'un *soi disant* accompagnement du même instrument pour la célèbre romance du premier acte : *Plus blanche que la blanche hermine*. Comme il était impossible de trouver un violiste, voici comment Meyerbeer s'y prit pour donner au public l'illusion d'une pièce *entière* jouée et accompagnée sur la viole d'amour. L'artiste chargé de cette partie (l'alto solo), prenait une viole accordée suivant la méthode de *Milandre* : ré, fa, la, ré, fa, la, ré ; il n'avait donc qu'à passer son archet sur les cordes à vides par deux pour produire un accord parfait en ré majeur : puis il reprenait la même chose à l'octave en sons harmoniques, y ajoutait quelques notes sur la chanterelle, terminait par l'accord parfait, et le tour était joué. Il substituait immédiatement à sa viole son *alto*, et accompagnait la romance avec ce dernier instrument, car il lui aurait été *absolument impossible*, avec l'accord bizarre de Milandre, de jouer autre chose que des petites pièces en ré majeur, toujours en ré majeur. Or, l'accompagnement de la romance précitée est, comme on le sait, très modulant ; avec l'accord *ancien* : ré, sol, do, mi, la, ré, il eût été très facile ; mais, il aurait fallu travailler la viole. Cette petite supercherie a toujours été pratiquée et le

(1) Je garantis l'exactitude de ce que j'avance, ayant connu intimement des artistes qui faisaient partie de ces concerts.

public ne cesse d'être persuadé qu'il a entendu jouer et accompagner sur la viole ancienne ; ce serait, sans doute, peine perdue de vouloir lui prouver le contraire.

Voilà, à quelques bien rares exceptions, la manière dont on *initie* le public aux sonorités des anciens instruments, et cela depuis le premier jour qu'on a essayé de les lui faire entendre et apprécier. C'est qu'il faut le reconnaître, rien n'est aussi difficile que de s'assimiler un instrument dont l'accordature et le nombre des cordes diffèrent de celui qu'on pratique. Il serait certainement plus aisé pour un exécutant de commencer par l'étude de l'instrument ancien afin d'éviter les combinaisons de doigtés et d'intervalles appris depuis la jeunesse. Aussi, bien des artistes et des amateurs ont-ils abandonné leurs tentatives après avoir sacrifié souvent bien du temps pour parvenir à jouer du dessus de viole ou de la basse de viole. Je veux dire quelques mots de ce dernier instrument que j'ai beaucoup étudié et travaillé moi-même.

La première méthode de viole publiée en France, date de 1687 ; elle est de Jean Rousseau. Danoville en publia également une dans la même année, dont voici le titre : « L'art de toucher le dessus et la basse de » viole, contenant tout ce qu'il y a de nécessaire, d'utile et de curieux » dans cette science ; avec des principes, des règles et observations si » intelligibles, qu'on peut acquérir la perfection de cette belle science » en peu de temps, et même sans le secours d'*aucun maître*. » Les deux auteurs que je viens de nommer étaient élèves du fameux de Sainte-Colombe, célèbre violiste, celui qui inventa ou du moins introduisit les cordes filées d'argent et ajouta la septième corde grave à la basse de viole. Cette dernière innovation fut bien fâcheuse, hélas ! car en faisant descendre la viole une quarte au-dessous du ré grave, on altérait sensiblement la sonorité générale des autres cordes et l'on embarrassait encore davantage le maniement de l'archet. La tenue de celui-ci était à cette époque toute différente de celle que nous avons actuellement : la main droite au lieu d'être placée sur la baguette, se trouvait dessous à la façon des pifferari italiens qui jouent du violon en appuyant l'instrument sur l'abdomen. Cette position de l'archet, encore usitée en Allemagne par les contrebassistes, donne plus de force, dit-on ; mais le détaché devient très difficile pour ne pas dire impossible ; de plus, sur la viole, le grand nombre de cordes rendant le rayon du cercle assez vaste, toutes les cordes, à part la première et la septième, avaient peu de saillie et l'on ne parvenait à détacher, sans toucher à la voisine, qu'à la condition d'avoir l'archet très près du chevalet, ce qui donnait une qualité de son de guimbarde très caractéristique. C'est d'ailleurs pour cette raison que Duport, B. Romberg, J. Stiastny, lorsqu'ils voulaient donner cette sonorité dans quelques passages de leur musique de violoncelle, écrivaient : *à la gamba*.

Malgré les éloges pompeux avec lesquels on accueillit l'addition de la septième corde, on peut dire que son emploi fut à peu près nul dans les compositions charmantes des élèves et émules de Sainte-Colombe, Marin Marais, Forqueray père et fils, de Caix d'Hervelois, etc... Quant à la musique de Sainte-Colombe, malgré mes recherches, je n'ai rien pu découvrir de lui dans aucune bibliothèque. L'Italie et l'Angleterre surtout furent rebelles à l'innovation intempestive du maître de Jean Rousseau et c'est peu après celle-ci que la viole assourdie commença à perdre de sa vogue pour faire place au violoncelle qui, avec sa sonorité plus éclatante, n'était à cette époque qu'un instrument destiné aux accompagnements d'orchestre. C'est surtout vers la seconde moitié du xviiie siècle que cette décadence se manifesta avec le plus d'intensité, malgré les véritables talents d'exécutants et de compositeurs des violistes et la pénurie des violoncellistes.

Pour être édifié sur l'intensité de la lutte entre les deux instruments, il faut lire un pamphlet d'un certain Hubert le Blanc intitulé : *Défense de la basse de viole contre les entreprises du violon et les prétentions du violoncelle. 1740. Amsterdam.*

Mais revenons à Jean Rousseau. Celui-ci nous dit dans sa dissertation que la viole paraît être un instrument assez nouveau en France et prétend que les Anglais, qui ont commencé les premiers à composer et à jouer des pièces d'harmonie sur cet instrument, en ont porté la connaissance dans les autres royaumes, tels sont : Walderan, à la cour de Saxe ; Baudler, à la cour d'Espagne ; Jong, auprès du comte d'Inspruck ; Preïs, à Vienne, etc. Rousseau dit également que les premières violes jouées en France étaient à *cinq cordes* et fort grandes, elles servaient à accompagner. Le chevalet était placé *au-dessous des oüys* ; les cordes étaient fort grosses et leur accord était *par quartes* en commençant par le bas : mi, la, ré, sol, do. Il raconte que sous Henri IV les violes étaient si grandes, qu'on pouvait y enfermer des jeunes pages pour chanter et prétend même que cet étonnant moyen a été pratiqué devant la reine Marguerite par un certain Garnier qui jouait la basse et chantait la taille, pendant qu'un petit page enfermé dans la viole chantait le dessus. Cette assertion me paraît assez invraisemblable ; étant donnée la nécessité d'avoir le fond de l'instrument parfaitement collé, il faudrait supposer que l'enfant fût enfermé dans sa prison sonore depuis 12 heures au moins. Dans toute cette dissertation, Rousseau fait preuve d'ailleurs d'un lyrisme bien amusant; il va jusqu'à se persuader que la viole existait avant le déluge. Il indique aussi qu'on jouait trois autres violes : *une de ténor* ou taille, *une d'alto* ou haute-contre et *une de dessus* ou soprano. Avec ces quatre instruments on représentait les quatre parties des voix, ce qui avait été pratiqué depuis longtemps en Italie. Quand ces quatre parties étaient en usage en France, ajoute-t-il, on accordait le *ténor* une quarte plus haut que la *basse*, l'*alto* une quarte plus haut que le *ténor*, et le *soprano* un ton plus haut que l'*alto* à l'octave de la *basse*. Il parle de la viole d'amour qu'il regarde comme un instrument à part et qu'il appelle une espèce de dessus de viole monté de cordes de laiton sur lesquelles l'archet fait un *méchant effet*. Selon lui, nous l'avons vu plus haut, les Anglais ont été les premiers à réduire leur basse de viole à une grandeur commode, mais il ne fait nulle mention des instruments italiens. Il prétend que nous aurions, nous Français, l'honneur d'avoir imaginé le renversement du manche dans les instruments à archet afin d'ouvrir un angle nécessaire à l'appui du chevalet sur la table sans avoir une rehausse sous la touche, ce qui rendait le manche énorme.

Rousseau parle avec admiration des violistes Maugard, Hotman, d'un certain bénédictin que l'on nommait le père André et de Marin Marais qui était son contemporain.

Quant aux exercices qu'il donne dans sa Méthode, c'est très peu de chose et cela se réduit à quelques lignes de musique sur les ornements et sur la transposition ; son enseignement n'est d'ailleurs qu'une perpétuelle dissertation.

La méthode de Christophe Simpson (Londres, 1659) est infiniment plus pratique : plusieurs figures gravées indiquent le modèle des différentes violes; des archets, de leur longueur; la largeur, la longueur et la rondeur de la touche, la forme des chevalets, etc. L'ouvrage, où nous trouvons un portrait intéressant de l'auteur jouant de la viole (Fig. 16), donne également quelques notions d'harmonie, puis, dans la seconde partie, des études bien faites.

La petite méthode de Playford publiée en 1700 est très abrégée : mais quoique publiée 60 ans après l'addition de la septième corde, elle n'en fait aucune mention, ce qui vient à l'appui de ce que j'ai avancé plus haut : à savoir qu'en France seulement, sauf à de rares exceptions, on s'était mis à jouer la basse de viole à sept cordes.

Les premières pièces qui furent gravées en France pour cet instrument sont de Demachy, ennemi juré de Jean Rousseau : elles sont précédées d'un grand avertissement contre les abus qui s'étaient glissés depuis

Fig. 16. — JOUEUR DE VIOLE (reproduction d'une gravure de la Méthode de Simpson).

quelque temps sur cet instrument. Demachy parle avec amertume des gens qui n'ont qu'un *port de main* tandis qu'il doit y en avoir deux, et vise toujours Jean Rousseau qui paraît, lui, n'avoir composé sa méthode que pour répondre aux attaques de son irascible confrère. Quant à sa musique, elle est peu intéressante et se compose de petites pièces sans accompagnement ; il en donne à la fin de son ouvrage quelques-unes en tablature.

Tout cela précède de bien peu la publication des œuvres du plus grand violiste de son temps, Marin Marais, compositeur de grand mérite, élève de Lully. Je recommande ses cinq livres aux artistes et amateurs qui voudront jouer sérieusement de la viole. Ils y trouveront des pièces de premier ordre malheureusement difficiles et d'autant plus difficiles qu'on n'a plus l'habitude de jouer des instruments à cordes avec des sillets ou cases mobiles, et qu'il faut absolument mettre le doigt juste à sa place sous peine de jouer faux.

Pour terminer, je voudrais pouvoir donner une liste complète des œuvres écrites pour la viole. Malheureusement bien peu ont été conservées. En voici quelques-unes parmi les plus intéressantes :

S. Bach, trois sonates avec clavecin ; pièces de chant avec accompagnement de basse de viole (la Passion) ;

Haendel, sonate pour basse de viole et clavecin ;

Téléman, plusieurs sonates pour basse de viole et clavecin ; quatuors avec basse de viole ;

Graun, plusieurs sonates avec clavecin ;

Marin Marais, cinq livres de pièces pour viole avec accompagnement de basses chiffrées ; trios avec viole ;

Roland Marais, un livre de pièces pour viole avec basses chiffrées ;

Forqueray père et fils, pièces de viole avec basses continues ;

De Caix d'Hervelois, cinq livres de pièces avec basses continues ;

Haydn, sérénade pour violon, hautbois, viole et basse, et plusieurs pièces pour viole ;

Rameau, trios pour violon ou flûte, clavecin et viole ;

Francœur, une sonate pour violon, viole et basses continues ;

Dollé, pièces de viole et basses continues ;

Couperin, symphonies en trios ;

Boismortier, plusieurs pièces pour viole.

Tout cela est bien peu de chose par rapport à la grande quantité de musique qui a été écrite pour un instrument dont la vogue a duré plus de trois siècles ; mais j'espère en découvrir encore. Il y a d'ailleurs, dans la nomenclature que je viens de donner, des pièces d'une réelle valeur. Celles écrites par les Marais et les Forqueray surtout sont en outre d'une exécution difficile. Quant aux sonates de Bach, je n'étonnerai personne en disant que ce sont autant de merveilles. Aussi est-ce avec un réel chagrin que j'ai vu, en ce temps, porter le dernier coup à la viole, en lisant certains programmes où des notices prévenaient le public que la basse de viole n'ayant aucune littérature digne d'intérêt, l'artiste, qui devait faire entendre cet instrument, jouerait *sur la chanterelle* une romance de Mendelssohn. Mieux vaudrait faire l'aveu que pour jouer de la viole il faut l'avoir travaillée. C'est la véritable raison ; la vie est malheureusement souvent trop courte pour apprendre à la fois les instruments du présent et ceux du passé.

L'Angleterre, l'Italie et l'Allemagne résistèrent à l'emploi de la septième corde pour la basse de viole, du moins en partie, car Sébastien Bach l'employa pour l'accompagnement d'un de ses oratorios ; il inventa même une viole qu'il nomma *pomposa* ; mais ce ne sont là que des exceptions.

Accord de la basse de viole à 7 cordes (époque de Marin Marais).

Accord de la basse de viole à 6 cordes.

La basse de viole, en France, allait faire entendre son *chant du cygne* sous l'archet de Forqueray le père. Celui-là était un maître capable de maintenir l'instrument en honneur contre le goût nouveau qui tendait de plus en plus à accepter le violon. Aussi, après lui, la lutte devint-elle inégale entre les deux instruments et bientôt le violon s'imposa définitivement par son emploi pratique et par ses magnifiques qualités de sonorité.

Louis XIV porta un rude coup aux violistes en maintenant la charge de roi des violons (1) et en formant la fameuse *bande* des petits violons, peut-être sous l'inspiration de Lully, qui avait la haute main sur les choses de

---

(1) Cette charge, fondée sous Henri IV pour Dumanoir, fut supprimée près de deux siècles plus tard, par un édit du 3 avril 1773.

l'Opéra et qui remplaça cette armée de musiciens *bourdonnants*, joueurs de viole, de luth, de clavecin, etc., par des instrumentistes de son goût.

L'Italie, du reste, avait depuis longtemps fait cette transformation. Les contrebasses, violoncelles, ténors, altos et violons de ce pays, datés et signés de leurs auteurs, ne laissent aucun doute à ce sujet. Ce n'est cependant que dans les dernières années du XVIIe siècle et dans les premières années du siècle suivant qu'Antoine Stradivari, parvenu à l'apogée de son talent de luthier, fixait définitivement le patron, les épaisseurs des tables et le diapason du violon et de chacun des instruments qui composent le quatuor moderne. Stradivari continua d'ailleurs à construire des violes, des cystres et quelques autres instruments qui tendaient à disparaître.

Fig. 17. — Viole allemande du XVIIIe siècle.
Hauteur : 0^m80.

Marquons en passant que plus tard, lorsque la mode et l'usage proscrivirent ces instruments, la plupart des violes furent recoupées, modifiées et transformées en altos.

A la fin du règne du Louis XIV, on sent encore en France une dernière résistance de la viole à laisser prendre sa place. C'est que dans la haute société de l'époque, les grandes dames se faisaient honneur de jouer des violes tant hautes que basses (Fig. 17 et 18) dont la position faisait mieux valoir la grâce des exécutants que *messire violon dont la tension extraordinaire des cordes courtes et grosses sacrifie tout à la voix* (Hubert le Blanc).

Cinquante ans plus tard, la famille des violes était tombée dans un discrédit complet. On peut lire dans une notice du *Mémorial raisonné* (de Gascault, Paris, 1761) :

« La basse de viole a été longtemps en
» grande réputation, mais le violoncelle
» l'a totalement anéantie. A l'égard du
» dessus de viole, il n'a jamais eu grande
» réussite. La basse de viole est un ins-
» trument à cordes de boyaux et à archet,
» le manche en est large, le corps approche de la taille de celui du violon-
» celle ; mais plus profond, il a 7 touches (ou sillets mobiles) sur son

» manche et 7 cordes. Comme les cordes d'un instrument doivent être
» proportionnées entr'elles et au corps de l'instrument, la quantité qu'il y
» en a à la basse de viole fait que les cordes
» hautes doivent être minces et déliées, ce
» qui, vu leur longueur, ne peut manquer de
» leur donner un ton peu nourri et par con-
» séquent aigre : de plus, le son s'étend dans
» un *ventre creux* d'où il ne peut être ren-
» voyé que faiblement. On peut dire la même
» chose du dessus de viole, en ajoutant qu'il
» est encore moins supportable que la basse ;
» car un dessus doit être brillant et il est
» sombre et maigre : il n'a que 7 cordes dont
» l'accord (en commençant par le bas) est :
» ré, sol, ut, mi, la, ré. »

Combien il y a loin de cette appréciation
dédaigneuse de de Gascault à l'enthou-
siasme et au lyrisme de Jean Rousseau pour
l'instrument qu'il jouait et professait. Affaire
de mode, dira-t-on, et l'on sait que celle-ci
en musique joue un rôle prépondérant aussi
bien pour la composition que pour la lutherie. Voici d'ailleurs un curieux passage de la
préface de la Méthode de Jean Rousseau
(Paris, 1687) qui permettra de faire la com-
paraison : « Sur ce principe, je dis que les
» premiers hommes s'étant attachés à imiter

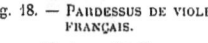

Fig. 18. — Pardessus de viole français.

Hauteur : 0ᵐ 59.

» la voix humaine par l'artifice de plusieurs instruments faits de diffé-
» rentes manières, cherchaient sans doute celui qui l'imiterait mieux
» et comme on ne peut contester que jamais instrument n'en a approché
» de plus près que la viole, qui ne diffère de la voix humaine qu'en ce
» qu'elle n'articule pas les paroles, il faut avancer qu'elle était dès le com-
» mencement du monde l'objet de la recherche des hommes. »

*
* *

Il fallut, au xviiie siècle, le talent des Corelli, des Geminiani, des Le-
clair, des Guillemain, etc., pour venir à bout de toutes les résistances qui
s'étaient opposées jusque-là à l'adoption du violon et de ses congénères

du quatuor à cordes actuel. Ces virtuoses, doublés de compositeurs de grand talent, substituèrent à toutes ces petites pièces : sarabandes, menuets, gigues, etc., des sonates dont la forme et le fond étaient bien autrement intéressants et faisaient présager l'envergure de la musique écrite pour le quatuor à cordes moderne, où les musiciens italiens et allemands excellaient déjà.

Mais revenons à la lutherie. Celle-ci, à cette époque, copiait en France les spécimens italiens. Les Bocquay, Médard, Bertrand, etc., firent des instruments à cordes qui ne le cédaient sur ceux d'Italie que par le choix défectueux des matériaux, mais dont l'exécution témoignait d'une habileté de main au moins égale. La fabrique de Mirecourt, cette Crémone française, fondée depuis le XVIe siècle, commençait à prendre un certain développement et à déterminer, par son extension commerciale et le bon marché de ses produits, une influence réelle sur l'emploi des instruments à cordes.

La composition de l'orchestre, de son côté, se modifiait peu à peu par l'adjonction des violoncelles et surtout de la contrebasse qui remplaçaient les luths, les théorbes, les grandes basses de viole, etc. Ce fut un musicien florentin du nom de Jean-Baptiste Stuck, dit Baptistin, qui le premier joua du violoncelle à l'Opéra, vers 1709, et ce fut Michel Corrette qui, en 1741, fit paraître à Paris la première méthode pour cet instrument. La contrebasse fit également son apparition à l'Opéra, en 1730, avec Montéclair, l'auteur de *Jephté*; mais celui-ci n'en jouait que le vendredi, jour du Roy.

Dès cette époque, le quatuor à cordes est définitivement constitué dans l'orchestre, et si, depuis, aucune règle n'est venue limiter le nombre des exécutants dans chacune des parties de ce quatuor, le principe ne s'en est du moins pas modifié.

Dans une plaquette intitulée *Quelques considérations sur la lutherie* et que j'ai publiée en 1890, j'ai fait remarquer la composition incomplète du quatuor à cordes actuel par suite de la disparition d'un de ses membres, le *ténor de violon*, qui a existé autrefois et pour lequel il y avait des parties écrites dans l'ancien quatuor italien (1). Après avoir donné les raisons pour lesquelles cet instrument, si bien indiqué et dont la voix était la juste continuation du violoncelle allant à l'alto, avait été abandonné, j'ai signalé les tentatives d'artistes convaincus qui avaient lutté pour la réintégration de cette voix bien caractéristique disparue. Cette disparition a amené une solution de continuité regrettable dans le registre à cordes et a forcé les

---

(1) Voir les quatuors d'Albinoni et des compositeurs contemporains.

autres instruments à sortir de leur cadre pour suppléer à ce qui manque, puisque le second violon joue aujourd'hui la partie que devrait faire l'alto et que celui-ci joue tantôt dans le registre du ténor et tantôt dans le sien. Mais comme il faut compter avec la routine et que, d'un autre côté, aucune musique spéciale n'existe plus pour le ténor, celui-ci ne reparaîtra sans doute jamais dans l'orchestre, à moins qu'un homme de la valeur et de l'autorité d'un Saint-Saëns ou d'un Massenet n'en décide l'emploi. Mais s'en trouvera-t-il un qui ose le faire ? On voit combien il est déjà difficile de recruter des exécutants pour l'alto dont la littérature est si réduite et dont les fonctions sont si limitées, en dehors du quatuor et de l'orchestre ; que serait-ce donc s'il fallait faire jouer un instrument qui n'a plus de littérature du tout ?

Voici comment était accordé autrefois le quatuor à cordes (1) :

Comme les nations heureuses, l'alto n'a pas d'histoire. Sa voix mélancolique, d'un timbre très spécial et dont la présence dans le quatuor à cordes est essentielle, est trop souvent considérée comme ne remplissant qu'un rôle absolument secondaire ; et pourtant l'alto remplit aujourd'hui à lui seul son propre emploi et celui du ténor. C'est même ce qui a suggéré aux artistes et aux luthiers l'idée de donner à l'alto différents diapasons : tantôt il est énorme et tantôt très petit. C'est que les uns jugent que l'intervalle qui le sépare de la basse est trop grand et qu'ils essayent de réduire cet écart en lui donnant un volume et un son plus en rapport avec ses fonctions intermédiaires, tandis que la plupart des altistes, qui sont généralement des violonistes, trouvent avec raison que les petits altos sont plus faciles à jouer et dérangent moins leur mécanisme.

Voilà pourquoi on est obligé de reconnaître l'infériorité des instruments à cordes sur les instruments à vent surtout depuis que ces derniers ont vu

---

(1) Je ne crois pas devoir donner ici les étendues du quatuor moderne que tout musicien connaît.

leurs familles complétées et régénérées par les admirables travaux de l'illustre Ad. Sax.

Il convient cependant de mentionner les efforts tentés par la maison Gand et Bernardel pour donner une étendue normale aux notes graves de l'orchestre. Autrefois, la contrebasse n'avait que trois cordes (Fig. 19) et ne descendait qu'au sol, une quarte au-dessous de l'ut grave du violoncelle. Plus tard, Chaft, professeur du Conservatoire, fit adopter en France l'accord en quarte en ajoutant la quatrième corde grave (Fig. 20) dont voici l'accord :

Fig. 10. — Contrebasse à 3 cordes.

Mais malgré cette tierce au-dessous, le plus grand orchestre a des sons moins profonds que le moindre orgue d'accompagnement qui descend à l'ut de seize pieds. Frappés de cette lacune, les habiles luthiers dont je viens de parler ont imaginé une contrebasse à cinq cordes (Fig. 24) pouvant descendre au si bémol, c'est-à-dire entrant de deux demi-tons dans l'octave de trente-deux pieds de l'orgue. Ce résultat remarquable, MM. Gand et Bernardel, aidés des conseils techniques de M. Lyon, l'habile ingénieur et directeur de la maison Pleyel, l'ont obtenu avec une longueur de cordes ordinaire qui donne cependant toute l'intensité de son désirable. Espérons que la contrebasse descendra à l'ut et que son emploi étendra le registre au grave dans l'orchestre moderne (1).

Puisque je viens de nommer MM. Gand et Bernardel, je dois dire que

(1) Deux artistes d'initiative autant que de grand talent, MM. Théodore Dubois et Taffanel viennent, l'un au Conservatoire, l'autre à l'Opéra, d'adopter la contrebasse à 4 cordes descendant à l'ut de seize pieds.

le quatuor reproduit dans cette notice (Fig. 22) sort de la maison de ces habiles luthiers, dignes successeurs des Lupot et Gand père, leurs précurseurs. La basse me fut donnée en 1849 comme premier prix du Conservatoire de Marseille; l'alto et le violon ont été construits en 1889. J'ai tenu à compléter le quatuor à cordes, tel qu'il devrait être, par un ténor qui est figuré le manche tourné vers le bas. Ce dernier instrument a été construit pour Batanchon, en 1846, par Bernardel père.

***

C'est avec intention que j'ai laissé de côté quelques instruments qui ont certainement des liens de parenté avec la famille qui nous occupe, mais qui n'ont jamais eu leur place dans le quatuor.

Pour mémoire, je citerai la *pochette* (Fig. 21 et 23), violon minuscule au manche démesurément long par rapport à son corps, instrument fabriqué pour les anciens maîtres de danse qui pouvaient facilement le mettre dans leur poche lorsqu'ils allaient donner des leçons à domicile. La *trompette marine* ou *monocorde* ne mérite également qu'une simple mention en passant; elle n'a eu d'autre célébrité que celle que Molière lui a donnée en la nommant dans le *Bourgeois gentilhomme*.

Fig. 20. — Contrebasse à 4 cordes de M. Bernardel père, d'après Chaft.

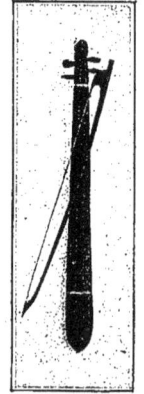

Fig. 21. — Pochette italienne forme gondole XVIIe siècle.
Hauteur : 0m 47.

Il est juste de s'arrêter plus longuement au violoncelle à cinq cordes, appelé *baryton*. Cet instrument n'était qu'un compromis entre la basse de viole et le violoncelle auquel on ajoutait la chanterelle *ré*. C'est pour le prince Esterhazy, qui jouait fort bien du baryton, qu'Haydn composa une

Fig. 22. — QUATUOR RATIONNEL AVEC RESTITUTION DU TÉNOR.

Longueurs des cordes :

Violon, 0 m 33.
Alto grand modèle, 0 m 37.
Ténor, 0 m 50.
Violoncelle, 0 m 70.

grande quantité de musique, notamment le concerto en sol majeur que Bockmüll réduisit de nos jours pour le violoncelle à quatre cordes. Batanchon, violoncelliste estimable, tenta sans grand succès d'exhumer cet instrument ; il écrivit même pour lui une méthode.

La maison Gand et Bernardel exposa en 1896, au Palais de l'Industrie (Exposition du théâtre et de la musique), un violoncelle à cinq cordes qui lui avait été commandé par M. Delsart, professeur au Conservatoire.

***

Je veux terminer cette étude sur les instruments du quatuor à cordes par quelques mots sur l'archet qui sert à les jouer, car cet utile accessoire a, comme le principal, changé bien des fois de forme, de longueur et d'aspect.

L'iconographie, et plus tard la gravure elle-même, constituent des documents très insuffisants pour déterminer la façon dont on tendait les crins de l'archet primitif. Mais si, comme le dit Fétis, nous devons attribuer à l'« immobile Orient » l'invention des instruments à cordes frottées qui ne s'y est pas modifiée depuis des siècles, nous pouvons voir aujourd'hui qu'une simple baguette de bois flexible, aux deux extrémités de laquelle se trouve attachée une mèche de crins, doit avoir été la première manière et la plus simple de construire un archet. Ce que nous montre un joueur de crouth du XIe siècle ne nous apprend que fort peu de chose : le personnage, l'instrument et son archet révèlent un art du dessin bien incorrect et bien primitif.

Ce qui rend particulièrement difficile la représentation de l'archet, c'est

Fig. 23. — Pochette française forme violon XVIIIe siècle.
Hauteur : 0 m 36.

Fig. 24. — Contrebasse à 5 cordes de MM. Gand et Bernardel.

la fragilité et la délicatesse de sa construction qu'il est presque impossible à la sculpture de reproduire.

Les plus anciens archets que j'aie pu examiner et dont je puisse parler avec certitude étaient du XVIe siècle. Ils avaient un mode de tension très primitif : à la tête, qui était très allongée, se trouvait une mortaise, comme aujourd'hui, et un coin y fixait les crins qui étaient au préalable réunis en un petit toron serré par un fil. A l'autre extrémité de la baguette, une autre mortaise, dans le plan de celle de la tête, permettait d'introduire l'autre extrémité des crins munie du même toron et ici, comme à la tête, se trouvait un coin jouant le même rôle que le premier. Une fois la mèche retenue par ses deux extrémités, on glissait dessous une hausse qui se trouvait arrêtée à sa place par un cran dans la baguette. Plus tard, on comprit que cette façon de bander les crins était peu pratique, puisqu'il n'était pas possible d'en régler la tension. On imagina alors la hausse à crémaillère permettant de tendre plus ou moins les crins. Dans ce procédé, la hausse était munie d'une bride mobile et sur le dos de la baguette, un peu plus bas que cette hausse, se trouvait une petite crémaillère en laiton ; le système fonctionnait à la façon d'un serre-joints de menuisier. Les crins étaient fixés à la tête et dans la hausse qui avait également sa mortaise. On les tendait en faisant fléchir la baguette et en engageant la bride de la hausse dans le cran correspondant à la tension voulue.

Vers la fin du XVIIe siècle, on eut l'idée de faire mouvoir la hausse par un pas de vis passant dans l'intérieur de la baguette et venant rencontrer dans une mortaise un écrou fixé dans la hausse. C'est l'archet de nos jours dont je crois superflu de donner une description spéciale. Remarquons seulement qu'autrefois la cambrure de la baguette était généralement à l'opposé de ce qu'elle est actuellement : elle était extérieure, à la façon d'un arc, tandis qu'aujourd'hui elle est intérieure. La longueur des archets variait aussi suivant les époques. Les plus anciens sont les plus courts d'après les représentations qui en sont parvenues jusqu'à nous. Au XVIIe siècle, leurs baguettes étaient généralement *en bois de Chine* (Jean Rousseau), le plus souvent rondes et unies, quelquefois finement cannelées.

On se sert généralement aujourd'hui de crins blancs pour les archets de violon, alto et basse ; les crins noirs ne sont employés que pour l'archet de contrebasse.

Autrefois, les violistes préféraient les crins noirs pour la *viola da gamba*, ce dont témoigne le passage suivant de Jean Rousseau : « Il est vrai que
» le blanc est plus doux et qu'il est fort propre pour le dessus de viole,

» mais pour les basses le crin noir est plus propre à tirer le son que le
» blanc. »

Ce fut Tourte le jeune qui donna la dernière perfection à la facture des archets. C'est lui qui en fixa les dimensions et qui fit adopter les hausses à recouvrement ; depuis, rien n'y a été modifié sérieusement. On a essayé des hausses fixes dont le mécanisme de tension était intérieur à la hausse ; on a fait même l'essai d'archets en acier. Mais toutes ces inventions prônées, brevetées, etc., sont abandonnées depuis longtemps et ne sont plus connues qu'à titre de curiosité.

Voici la longueur des archets actuels que nos archetiers modernes construisent généralement en bois de Fernambouc :

Archet de violon, 72 centimètres ; — archet d'alto, 71 centimètres ; — archet de basse, 68 centimètres ; — archet de contrebasse, 64 centimètres.

La largeur des mèches des archets de violon et d'alto est d'à peu près 11 millimètres à la hausse et de 1 centimètre à la tête ; pour le violoncelle, elle est de 13 millimètres à la hausse et de 11 à la tête ; pour la contrebasse, de 17 millimètres à la hausse et à la tête.

* * *

Je n'ai pas la prétention d'avoir épuisé le sujet que j'ai essayé de traiter dans cette courte notice. J'ai simplement voulu marquer les étapes parcourues depuis les temps anciens jusqu'à nos jours par un art qui s'est condensé en quelque sorte dans le quatuor actuel, c'est-à-dire dans une série de quatre instruments d'une même famille, dont je crois avoir démontré la composition incomplète, par suite de la disparition du ténor, mais qui retrouvera certainement la voix essentielle qui lui manque le jour où la simple logique, soutenue par l'autorité d'un homme de talent, en aura fait décider l'emploi. Des développements plus considérables m'auraient entraîné trop loin ; tel qu'il est, j'espère que mon travail n'aura pas été inutile s'il a intéressé le lecteur et lui a appris quelque chose.

A. TOLBECQUE.

ERRATUM

Page 28, lignes 3 et 4. — Au lieu de *Conservatoire de Marseille*, lire *Conservatoire de Paris*.

DU MÊME AUTEUR

Quelques considérations sur la Lutherie, 1890
Souvenirs d'un Musicien en province, 1896

EN PRÉPARATION

L'ART DU LUTHIER
Ouvrage orné de nombreuses figures et reproductions d'instruments

NIORT. — IMPRIMERIE TH. MERCIER

www.ingramcontent.com/pod-product-compliance
Lightning Source LLC
Chambersburg PA
CBHW070705050426
42451CB00008B/508